L O T

E

G R

J U A

E

N S

E P D

V&R

Título original: *El juego de pensar*
Dirección editorial: Marcela Luza
Edición: Margarita Guglielmini y Florencia Cardoso
Armado: Cecilia Aranda

© Texto: Cristina Núñez Pereira y Rafael R. Valcárcel
© Ilustraciones: Los derechos morales de las ilustraciones pertenecen
a sus respectivos autores.
© Diseño de cubierta e interiores: Leire Mayendía
© 2016 Palabras Aladas, España

© 2019 V&R Editoras S.A. • www.vreditoras.com

Argentina: San Martín 969 piso 10 (C1004AAS), Buenos Aires
Tel.: (54-11) 5352-9444
e-mail: editorial@vreditoras.com

México: Dakota 274, Colonia Nápoles - C.P. 03810
Del. Benito Juárez, Ciudad de México
Tel.: (52-55) 5220-6620 • 01800-543-4995
e-mail: editoras@vreditoras.com.mx

ISBN 978-987-747-487-9

Impreso en Argentina por Buenos Aires Print
Printed in Argentina

Junio de 2019

Núñez Pereira, Cristina
   El juego de pensar: desafía tu mente / Cristina Núñez Pereira;
Rafael R. Valcárcel; ilustrado por Adriana Keselman... [et al.]. -
1a ed. - Ciudad Autónoma de Buenos Aires: V&R, 2019.
   112 p. : il.; 24 x 23 cm.

   ISBN 978-987-747-487-9

   1. Libro de Entretenimiento para Niños. 2. Libro Ilustrado para
Niños. I. Keselman, Adriana, ilus. II. Título.
   CDD 793.2054

EL JUEGO DE PENSAR

Desafía tu mente

V&R
Editoras

EL JUEGO DE PENSAR

TEXTOS: CRISTINA NÚÑEZ PEREIRA Y RAFAEL R. VALCÁRCEL

Los cachorros de diversas especies desarrollan
sus capacidades a través del juego. Los humanos,
además, somos capaces de jugar a inventarnos
nuevos juegos. Y, para ello, ponemos en marcha
los engranajes de nuestro cerebro: observamos,
analizamos, deducimos…

Este libro es una bella y divertida manera
de conocer mejor el apasionante juego de pensar.

Si no conoces las reglas de alguno de los 36 juegos
que se mencionan en este libro, podrás encontrarlas
en www.palabrasaladas.com/juegos.html

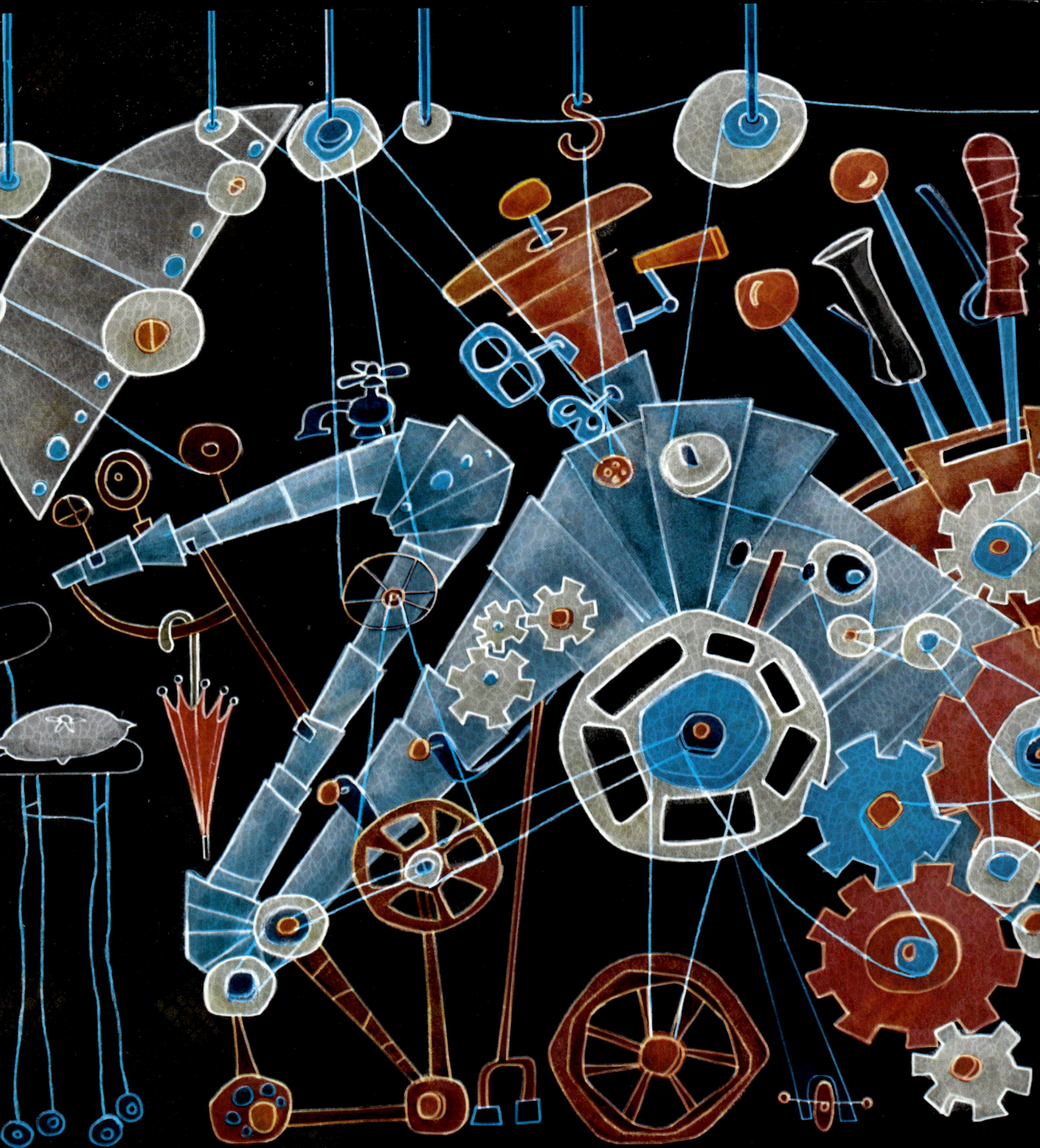

DE DONDE NINGÚN BARCO HA REGRESADO

Allá donde se unen los dos hemisferios terrestres, las aguas alcanzan tal temperatura que rompen a hervir. Desde tiempos inmemoriales, se sabe que solo los monstruos han conseguido sobrevivir en ese lugar.

¡Qué otro ser podría vivir en unas aguas tan calientes! La temperatura abrasadora es la característica que mejor **define** a esta región; por eso, muchos la llaman zona perusta, que quiere decir 'calcinada'. Desde el norte, la entrada a esta zona la marca el "cabo del Miedo". Ningún barco ha logrado dejarlo atrás y regresar para contarlo.

Lo primero que **reconocen** los marineros que se aventuran por el cabo, con un temor creciente, es la repentina oscuridad y el calor abrasador **descriptos** por los sabios de la Antigüedad. Tan extremo es este que las naves se ven envueltas en una neblina humeante y sus velas pueden llegar a arder. Pero aún es peor el encuentro con los monstruos. Estos levantan nubes de espuma y emiten burbujeos y una especie de silbidos, mientras arrastran a las naves en dirección sur, hacia el vacío.

Todos creían eso. Aun así, al navegante portugués Gil Eanes se le encomendó trasponer el cabo del Miedo. Y con valentía y sagacidad, ¡lo consiguió! En aquellos tiempos, los barcos acostumbraban a navegar siempre cerca de la costa, sin perderla de vista. Pero Gil Eanes **observó** que, llegados a esta temible región, la profundidad de las aguas en las proximidades del litoral era mínima en **comparación** con lo que ocurría más al norte. Así que decidió alejarse de la costa para seguir avanzando, hasta que, por fin, dejó atrás el cabo.

Para festejar su proeza, Gil Eanes se bañó en las aguas supuestamente abrasadoras del cabo del Miedo.

Hoy se sabe que la sensación de oscuridad y calor en la zona se debe a las brisas del desierto, cargadas de polvo. Los silbidos y burbujeos los provocan los bancos de sardinas que nadan por allí en su época de alimentación. Y la espuma feroz de las aguas obedece a que estas chocan violentamente contra los arrecifes submarinos. Poco a poco, se ha ido hallando explicación para todos los fenómenos que antes se **clasificaban** como sobrenaturales.

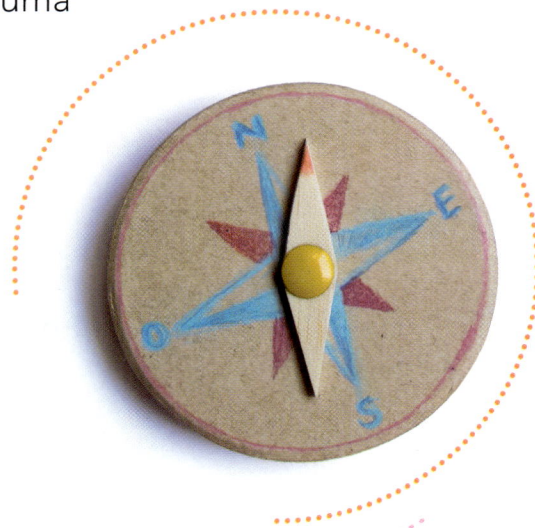

De noche, monstruos de terroríficas garras se introducen en tu habitación para intentar apoderarse de tu mente. Pero cuando te atreves a girar, y los observas con la valentía de quien busca la verdad, se convierten en inocentes sombras.

Observar, entre otras cosas, nos ayuda a cazar esos miedos que se han convertido en monstruos imaginarios; tan temibles que llegan a anular nuestros deseos y controlar nuestros actos.

En un paisaje puedes ver cada detalle que lo compone. O, si das rienda suelta a tu imaginación, puedes ver…

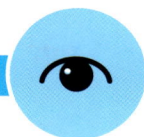

Aunque pueda parecer absurdo, hay quienes juegan al **veo veo** con los ojos cerrados para que la "visión" abarque más dimensiones, como la del tacto.

—Toco toco.

—¿Qué tocas?

—¡Una cosita que es espinosa y blanda!

—¡El pez globo!

Y tú, ¿cómo jugarías al "veo veo de las emociones"?

Si alguien no supiese qué es una flor ni qué es una planta, ¡cómo explicarle con palabras qué es un florero! Pero si logra entenderlo, sería capaz de reconocer ese objeto al verlo.

Reconocer es distinguir a un ser, un objeto o un fenómeno gracias a que se observan en él una serie de características que ya nos son conocidas.

Antiguamente, los cartógrafos dibujaban los mapas a partir de los relatos que contaban los viajeros. A veces, esos mapas de tierras lejanas y extrañas incluían elementos fantasiosos, que luego muchos de estos aventureros creían reconocer en la realidad.

Sentados a la mesa están una jirafa, un pirata y una astronauta. Cada uno de ellos sabe quiénes son los demás, pero no quién es uno mismo. El nombre de lo que ahora son está pegado en su frente.

–¿Quién soy?

–Eres de temer –dice la "jirafa".

–Tienes un ojo a la vista –agrega la "astronauta".

–¡Soy un cíclope!

Si uno nunca se ha visto reflejado en un espejo o en el agua, ¿cómo podría reconocer su cara en un retrato?

Mi abuela guardaba su ropa teniendo en cuenta la frecuencia de uso. La que se ponía para el día a día la colocaba en un cajón; la que utilizaba de vez en cuando, en otro; y la que solo lucía en ocasiones especiales, en su hermoso baúl.

Yo, en cambio, la guardo según los tipos de prenda, con el mismo criterio que empleo para clasificar mis figuritas o estampas. Unas prendas van en el "álbum de la ropa interior", otras van en el "álbum de las camisetas"… Cuando me visto, tengo que abrir varios álbumes.

Al **clasificar** hay que tener presente cuál es el propósito. Si tu interés es la forma de las hojas de las plantas, de nada te servirá clasificarlas por su color.

Los fabricantes no imprimen la misma cantidad de copias de cada figurita. Por eso, cuando tus amigos y tú están por completar una colección, el **sí le, sí le** o la te, la te se dice muchas más veces que el **no le, no le** o no la, no la.

Hay quienes dibujan sus propias colecciones de figuritas. Tú, por ejemplo, podrías crear una con los personajes que ves en tus sueños, y dividirlos en dos grupos. ¿Qué criterio usarías para clasificarlos?

Echeveria glauca

TAXONOMÍA

Reino: Plantae

División: Magnoliophyta

Clase: Magnoliopsida

Orden: Saxifragales

Familia: Crassulaceae

Subfamilia: Echeverioideae

Género: Echeveria

En medio de la mar, un náufrago. Dos carabelas aparentemente idénticas se acercan a él.

En la mente del desamparado ya centellean los candiles que adornarán su casa y el yunque con el que se ganará la vida tras ser rescatado. Pero no sabe a qué nave dirigirse. ¿Son iguales? Compara velamen, cabos, cofas, cascos, mascarones…

Por fin, una calavera con dos tibias cruzadas le indica cuál es la dirección por la que debe decantarse.

Comparar es examinar dos o más seres, objetos o fenómenos para detectar sus diferencias y semejanzas.

7

Puedes jugar a las **siete diferencias** con dos fotografías de alguna escritora conocida que encuentres en una revista. También con tu par de zapatos favorito. O con la panorámica que se ve desde el colegio a la hora de entrada y a la de salida. Con tu estado de ánimo un viernes y un domingo. Con el sabor del pan a mediodía y por la noche…

¿Cómo jugarías a las siete semejanzas? ¿Qué objetos, fenómenos o seres elegirías para comparar?

"Esta isla es un tesoro", dijo el náufrago, y cada tripulante se dejó llevar por sus propios anhelos. El capitán pensó que había oro por doquier, el naturalista imaginó que allí habitaban centenares de especies desconocidas, el marinero creyó… Ante la confusión, aquel náufrago supo que debía describir el lugar minuciosamente.

Describir es detallar cómo es un ser, un animal o un fenómeno.

Una palabra puede bastar para describir, si es precisa. ¿Qué hay detrás de la puerta? Un felino. Un león. Ambas respuestas son ciertas, pero ¿a que con la segunda no te animas a girar el picaporte?

Vengo de… un planeta, un país, una época. Vengas de donde vengas, tienes menos de tres minutos para describirlo. Si tu pareja no consigue dar con tu procedencia, ambos pierden.

Eso sí, está prohibido que digas cualquier palabra que haga referencia directa a la respuesta. Así, en el caso de que vengas de una montaña, no podrás emplear las palabras 'montañoso', 'cima', 'ladera', 'cordillera'…

Si vinieses de un libro, ¿qué cuento elegirías y cómo describirías el lugar donde transcurre?

"¡Acérquenme aquel instrumento!", vociferó el capitán. El grumete le trajo un silbato; el contramaestre, unos prismáticos; y el gambucero, un molinillo de café. "¡No! ¡El de hierro!". El grumete probó con una corneta; el contramaestre, con una brújula; y el gambucero, con una vieja tetera oxidada. "¡No! Uno con ganchos". Y le trajeron anzuelos, garfios y arpones. "¡El que sirve para sujetar el barco en el fondo del agua!".

Todos se miraron sorprendidos de que al capitán le costase tanto definir un ancla.

Definir es fijar las características de un objeto y detallar las que lo distinguen de otros semejantes. Por tanto, para definir un ancla no basta con especificar su forma. Entre otras cosas, también deberás indicar que se hunde.

—Es una oruga que produce sonidos armoniosos.
—¡El acordeón!
—Es un lugar en el que se ven historias a oscuras…
—¡El cine!

En **palabra prohibida** debes definir algo para que tus compañeros lo adivinen. No puedes emplear gestos ni mencionar una serie de palabras. Parece sencillo…

Pero ¿sería fácil definir silla sin decir 'patas', 'respaldo' o 'sentarse'? ¿Y caballo sin decir 'relinchar', 'montar', 'herradura' o 'crin'?

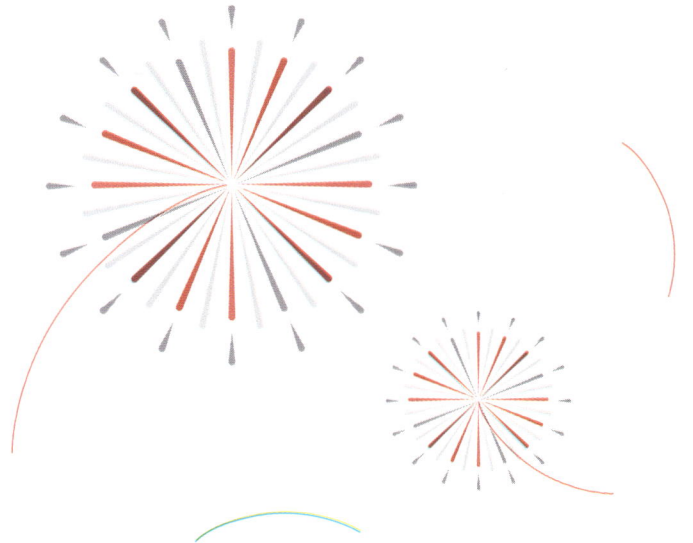

UN CÓDIGO DE FUEGOS ARTIFICIALES

En medio del océano, un barco pesquero ha sido azotado por una gran galerna. La radio ha dejado de funcionar y, para colmo, se ha abierto una vía de agua en el casco. ¡¡Qué hacer?! ¿Cómo pedir auxilio? ¿Quién escuchará el grito de socorro en la inmensidad del mar?

De día, incluso sin una radio, la comunicación entre embarcaciones es relativamente sencilla: un sistema de banderas permite enviar mensajes al mostrarlas solas o combinadas. Cada bandera tiene asociada una letra y también se la **relaciona** con un significado preciso. Así, con una sola se pueden enviar mensajes como "Tengo una avería" o "Navega usted hacia un peligro". Nadie puede dudar de su utilidad.

Sin embargo, de noche, las banderas no se ven. Y cuando en la inmensa oscuridad los peligros e imprevistos acechan, quizá la ayuda está cerca pero no a la vista. ¿Cómo trasladar, entonces, los mensajes? Martha Coston, una joven estadounidense, encontró la respuesta gracias a que

interpretó las notas y bocetos que su fallecido esposo, un inventor, había dejado en su cuaderno. De ellas **dedujo** que él se había propuesto crear un sistema de señales luminosas. Martha dejó volar su imaginación y **supuso** que podían fabricarse luces de colores. Partiendo de esta base, empezó a trabajar. Eso sí, en sus tiempos aún no se había inventado la bombilla, por lo que llevar a la práctica esta idea no era nada fácil.

Martha lo consiguió tras diez años de investigaciones, en los que contó con el apoyo de expertos en química y en pirotecnia, que la ayudaron a convertir su proyecto en realidad. Una vez que terminó de diseñar su sistema, tuvo que **explicarlo** a las autoridades y dejar que lo sometieran a múltiples pruebas para comprobar su utilidad.

El sistema de Martha consistía en un conjunto de cohetes cargados con uno, dos o tres colores. Los había blancos, rojos y verdes. Solos y en combinación, conformaban un código de diez números y caracteres especiales. Así, se generaban secuencias de colores en el cielo, que tenían significados predeterminados. Y quizá se podía mantener, por **ejemplo**, esta conversación:

—Rojo, verde, blanco. (Se dirige usted hacia una zona peligrosa).

—Verde. (Recibido).

—Rojo, blanco, verde. (Desvíese a la derecha).

—Rojo, verde. Blanco, blanco. (Cambio mi rumbo. Me estoy desviando a la derecha).

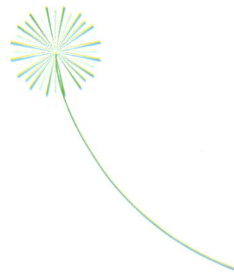

Mi madre supervisaba obras de ingeniería en lugares muy lejanos: Panamá, Gambia, Japón… De cada uno me trajo un recuerdo: un portalápices con forma de faro, la maqueta de un rascacielos, un imán con la silueta de un puente…

Ahora que soy reportero, cuando piso un lugar lejano por primera vez, me siento como en casa porque lo relaciono con algún objeto de mi colección de recuerdos.

Relacionar es establecer conexiones entre ideas, conceptos, objetos o fenómenos. Tres luces de colores lanzadas desde un barco no significan nada si la persona que las envía y la que las recibe no las conectan con un significado, por ejemplo: "¡Ayuda!".

Cada oveja entrega una prenda al pastor, y este las vuelve a repartir de forma desordenada. Luego, el rebaño se dispersa. El pastor da un silbido y cada oveja debe buscar su prenda, recuperarla y regresar. Así se juega a **cada oveja con su pareja**.

También es posible jugar a cada hoja con su árbol, cada huella con su animal, cada silueta con su país…

Si un elemento del juego fuera una moneda lanzada al aire, ¿con qué otro objeto la relacionarías? Cada moneda con su…

En un parque de Futurópolis están tres amigos. Haciendo suposiciones a partir de estas pistas, ¿puedes averiguar en qué medio de transporte ha llegado cada uno, cómo va vestido y con qué pasatiempo se entretiene?

1. Olaz Nog hace burbujas de jabón gigantes.
2. Lea Far se protege con una armadura intergaláctica.
3. Oli Mac ha llegado en cometa, pero no se abriga con una piel de sapo.
4. Quien ha llegado en monopatín cultiva flores siderales.
5. Alguien va ataviado con un traje de escamas.
6. Quien ha llegado en esquís aéreos no es quien dibuja con tinta invisible.

Suponer es considerar que algo es cierto en una realidad imaginaria. Hacer suposiciones es una buena forma de llegar a la verdad.

–Cinco, cuatro, tres, dos, uno… ¡Voy!–. Vaya, nadie a la vista. Lógico… En eso consiste el **escondite** o las escondidas. Veamos. Supongamos que soy un elefante. ¿Dónde podría esconderme? Detrás de esa acacia no.
Me asomarían las orejas (¡como mínimo!). Pero… ¿y en ese baobab? En un tronco tan ancho seguro que hay un hueco para mí.
–¡Por mí y por todos mis amigos!

Si los objetos no juegan a las escondidas, ¿cómo es posible que a veces haya que buscar algún calcetín u otra prenda de vestir?

La maestra interceptó la bolita de papel, la desdobló y leyó en voz alta lo que allí estaba escrito. Bueno, lo que pudo:

ESTAS PALABRAS NO SON PRESUMIDAS. LAS SIGUIENTES, SÍ.

Lo que venía a continuación eran unas "letras" –si a esos trazos se les puede llamar así– ilegibles. Tras desprenderse de la hoja, con la alegría de siempre, la maestra nos siguió hablando de Alan Turing. Al terminar la clase, recogí ese papel del cesto y fui al baño. Había deducido que para descifrar el mensaje debía ponerlo frente al espejo.

Deducir es sacar una conclusión a partir de los datos disponibles.

Los **códigos secretos** tienen infinitas posibilidades. Por eso, es un juego inagotable. El mensaje puede estar en la etiqueta de un producto, al unir las palabras que tú decidas marcar. O puedes crear un código con colores o con formas geométricas; por ejemplo, asignándoles letras o significados concretos.

También tienes la opción de usar códigos conocidos (como el morse) y transmitirlos de manera inesperada: ¿en globos quizá?

A·— J·———
E· U··—

En tiempos inmemoriales, el soberano de un pueblo de Arabia envió al rey Darío un ave, un ratón, una rana y cinco flechas. Darío interpretó esto como una ofrenda de paz y entendió que el soberano le prometía cederle sus tierras y sus pozos de agua.

El sentido del mensaje en realidad era este:

SI NO VUELAN POR EL AIRE COMO LOS PÁJAROS, SI NO SE ENCONDEN EN LA TIERRA COMO LOS RATONES O SI NO SE METEN EN EL AGUA COMO LAS RANAS, NO PODRÁN ESCAPAR DE NUESTRAS FLECHAS.

Al **interpretar**, les damos sentido a hechos, objetos, palabras… Pero hacerlo bien requiere de mucha perspicacia y sentido común.

Durante muchísimos años, los jeroglíficos fueron como una **adivina adivinanza** o adivina adivinador que los antiguos egipcios habían dejado al mundo moderno. El enigma lo resolvió un investigador francés gracias al hallazgo de un texto escrito por triplicado: con jeroglíficos y en dos idiomas más que sí eran conocidos.

Si desconoces el significado de una palabra en un párrafo, ¿cómo puedes averiguarlo sin recurrir al diccionario?

Cuando un navegante no cuenta con una radio o un aparato similar para comunicarse, usa unas banderas que representan letras y números. Para transmitirle una palabra a otra embarcación, iza las banderas correspondientes a sus letras en el mástil delantero, alineadas de arriba hacia abajo.

Ahora bien, a los marineros de los cuentos hay que explicarles que, además de leer las banderas de arriba abajo, deben continuar de izquierda a derecha.

Al **explicar**, decimos cómo ocurren las cosas y también por qué.

Si te animas a conocer el código de las banderas, el roedor y el pollo te lo agradecerán. Quizá puedas consultar un libro de náutica en una biblioteca…

No vale "porque se me ocurrió" ni "porque a mí me suena bien". Debes explicar cómo se originó, hace cientos de años, la palabra que te has inventado. Si la explicación es ingeniosa, el resto de los participantes la darán como válida.

Con las **palabras caseras** aceptadas, hay quienes, poco a poco, van confeccionando un diccionario etimológico familiar, o de amigos.

¿Con qué palabra inaugurarías el tuyo?

–Algún día llegaré más allá de Saturno –dijo mi tío Mungo antes de partir a la aventura–. Te avisaré con unas letras selváticas.

Poco después recibí una postal. Mi madre me ayudó a descifrarla: "A tu tío le gustaba pensar que los animales representaban letras. Por ejemplo, según él, el zorro tiene cara de A; los conejos, dientes con forma de N; los monos, una cola que baila como una U; las abejas, cintura de O; las lagartijas, la silueta de una S; los osos, la R en las garras…".

¿Crees que mi tío llegó a su destino?

Los **ejemplos** nos ayudan a tener más claros los conceptos generales.

–A, B, C, D, E…
–¡Para!
–Nombre: Elías. Apellido: Escobar. Cosa: Escalera. Animal: Erizo. Comida: Ensalada. Ciudad: Eritrea.

Hay quien lo llama **nombre, apellido, cosa, animal**. Otros, Tutti frutti. Otros, Arriba el lápiz… Hay quien añade la categoría Prenda. O Fruta. O Color. Hay quien juega por orden, letra a letra. Hay quien se rinde al llegar a la Ñ.

¿Qué categorías añadirías tú?

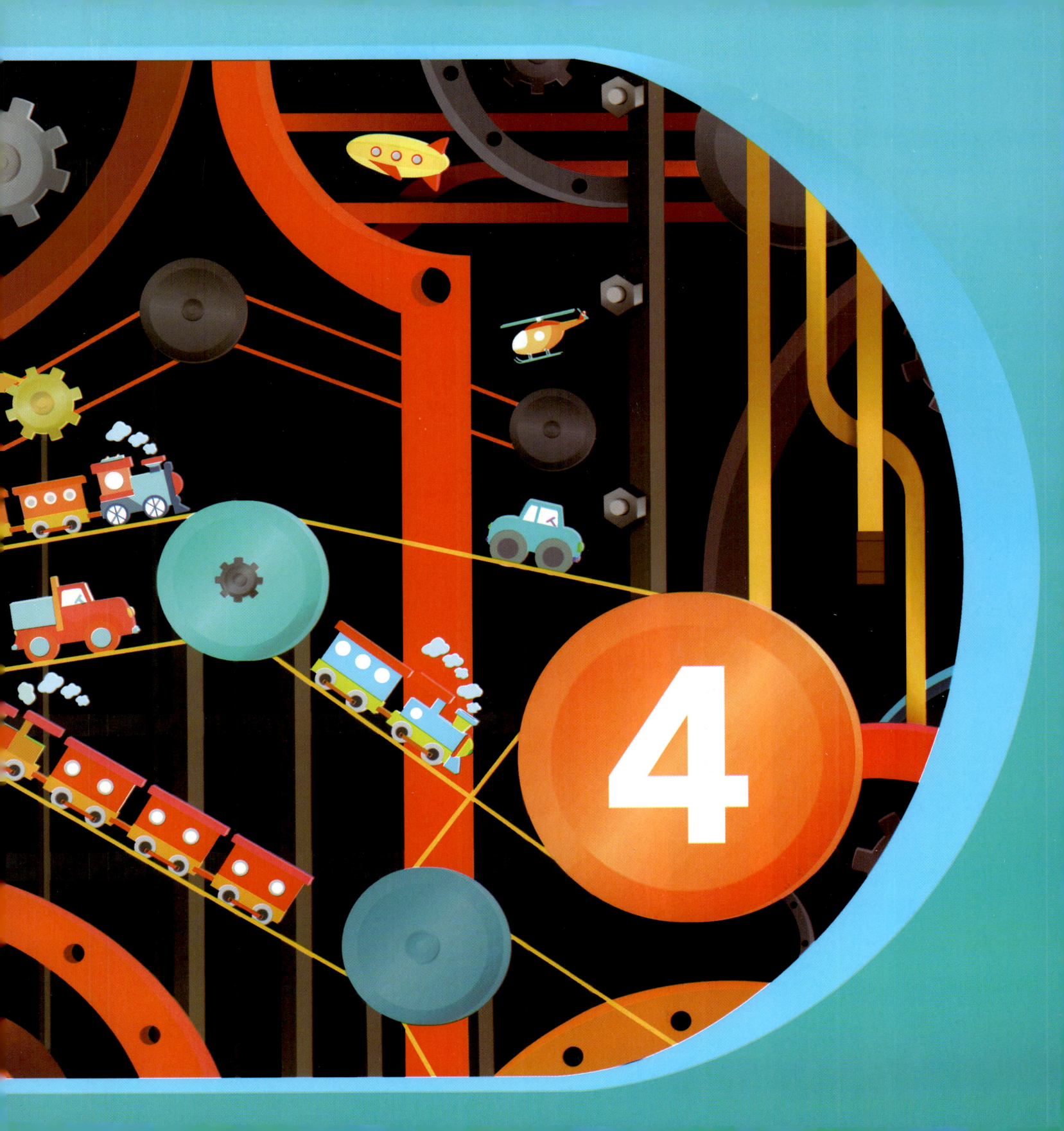

UNA ENFERMEDAD QUE CURA

Cuando la viruela era una enfermedad mortal para los humanos y cruzar Europa una aventura que tomaba meses, una dama inglesa, Mary Wortley Montagu, **descubrió** algo muy interesante sobre ese mal durante un viaje a Estambul. Allí observó que los turcos combatían la peligrosa enfermedad… enfermándose adrede. Bueno, no exactamente, aunque lo parecía. Dejaban que se les inoculase el virus causante de la viruela en una dosis muy pequeña.

De vuelta a Inglaterra, Lady Mary emprendió una serie de **experimentos**. Abría pequeñas heridas en los brazos de algunas personas y las ponía en contacto con el pus de alguien que hubiera tenido un ataque leve de viruela. A las personas así "infectadas" les subía la fiebre al cabo de unos días, pero tras guardar cama se recuperaban y, curiosamente, ya no volvían a padecer la enfermedad. Lamentablemente, el secreto de la cura no llegó a difundirse.

Años después, el médico Edward Jenner observó algo curioso en las mujeres que ordeñaban vacas enfermas de viruela y se contagiaban de estos animales: ¡se recuperaban rápidamente de la viruela vacuna y, además, se volvían inmunes a la temida viruela humana!

Jenner decidió **demostrar** la relación entre ambas enfermedades e inoculó el virus de la viruela vacuna a un niño de ocho años sano. Este, como cualquier ordeñadora, se puso enfermo. Pero él, en cambio, se recuperó al poco tiempo. Para **completar** su demostración, el doctor le inoculó después la temible viruela humana… ¡y el pequeño no enfermó!

La palabra "vacuna" procede, precisamente, de esta experiencia: quien hubiera contraído la viruela vacuna no enfermaba de la viruela humana. Hoy se **aplica** a todos los remedios que se basan en el mismo principio.

Poco después de que Jenner hallara la vacuna de la viruela, se organizó una expedición para llevar el remedio (que no era otro que el propio virus) desde España a Hispanoamérica y Filipinas. Pero, para que fuera efectivo, el virus de la viruela vacuna debía permanecer vivo durante un larguísimo viaje en barco. ¿Cómo conseguirlo? El director de la expedición encontró pronto la fórmula: **construyó** una cadena humana, formada por veintidós niños que, brazo a brazo, se fueron transmitiendo el virus unos a otros al poner en contacto sus heridas. Gracias a ellos, la cura llegó al otro extremo del mundo.

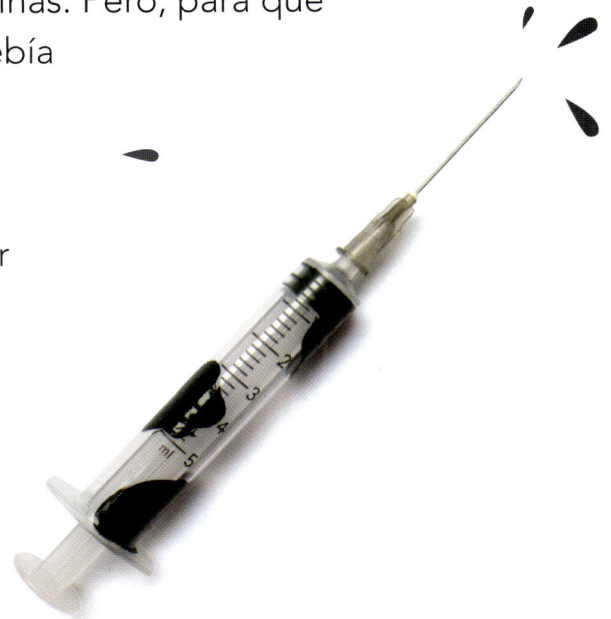

Tres veces, ida y vuelta, caminé de espaldas el pasillo entero. Salí reprobado en el examen. Antes de entrar en la clase, saludé a todos mis compañeros mientras me tocaba la oreja derecha. Salí reprobado en el examen. Me puse mis calcetines de la suerte. Salí reprobado en el examen. Me puse todas mis prendas de la suerte. Salí reprobado en el examen…

Y después de unas cuantas ocurrencias más, finalmente incluí el elemento indispensable de mi experimento: estudié. Obtuve un diez.

Experimentar es hacer una prueba práctica para comprobar algo.

Pocas cosas para empezar: témpera verde, témpera azul, témpera roja, agua y el dedo que prefieras. ¡A **crear colores**! ¿No tienes témperas? Está bien. Rotulador amarillo, rotulador… ¿Tampoco tienes rotuladores? No pasa nada. Una remolacha, un…

Mi color preferido es el jugo de una ensalada de mango, sandía y naranja.

Si a las tres de la tarde pintas tu color favorito en el suelo de la acera, ¿seguirá siendo tu favorito a cualquier hora del día?

Entre el mundo despierto y el mundo dormido suele haber una separación que va de los dos a los diez minutos.

Ese tiempo me ha servido para hacer un descubrimiento fantástico, el que más alegrías me ha brindado: si al cerrar los ojos me concentro en una historia…, la aventura, por lo general, continúa en mis sueños.

Descubrir es encontrar algo que no se conocía o que estaba oculto.

Algunos descubrimientos, como la penicilina, son beneficiosos para el mundo entero. Otros, igual de importantes (o más), son especiales solo para ti, como descubrir que se te da bien tocar el clarinete.

El tesoro puede estar escondido en la orilla de un río, en el centro del parque, al pie del árbol de un jardín o debajo del sillón de la sala. Sin embargo, lo que hace especial la **búsqueda del tesoro** son las pistas que te llevan hasta él.

Piensa en variantes. Si tus amigos jugasen a la búsqueda del tesoro con los ojos vendados, ¿qué clase de pistas les darías?

El dueño del único almacén del pueblo era un señor curioso. Le encantaba decir que toda su mercancía era de lo mejor: desde los clavos hasta los perfumes.

Una de sus extravagancias fue instalar una ducha en medio de su tienda. Abría el grifo al máximo y, bajo el agua torrencial, se metía él con el paraguas que estaba por vender, para demostrar su calidad y su impermeabilidad.

Lo que nos confesó su esposa, años después, es que él primero probaba los paraguas en la ducha de su casa, al "asearse" por las mañanas.

Demostrar es probar algo mediante acciones prácticas, experimentos o datos.

¿Qué tiene más peso: tú con los pulmones llenos de aire o tú tras expulsar el aire? ¿Qué tiene más volumen? ¿Qué tiene más densidad? Y todos los **¿qué tiene más...?** que se te ocurran, teniendo en cuenta que sin demostración no hay punto.

Para demostrar que tres vacas de madera pesan lo mismo que otra idéntica a una de las anteriores, bastaría con ponerlas en una balanza, pero... ¿cómo sería posible que pesasen igual?

Thomas soñaba con volar. En su granja, todas las aves se alimentaban más o menos de lo mismo: gusanos y desechos. Así que Thomas pensó que era la alimentación lo que las capacitaba para volar. El mejunje que preparó no era nada sabroso. Tampoco lo elevó.

Todas tienen pico y plumas, observó Simoneta. Con su traje emplumado y su pico de corcho echó a andar. No voló. Echó a correr. Nada. Saltó de una escalera. Se dio un gran coscorrón.

Leonardo, por su parte, consiguió aplicar a una máquina el fundamento que permite volar a las aves: sus alas.

Aplicar es emplear un conocimiento que ya tienes para conseguir algún propósito.

Ya que se intentaba imitar la facultad de volar de las aves, las primeras **cometas** se construyeron con la forma de un pájaro.

Luego se empezaron a hacer sujetando un papel plano a unas varillas de madera. Estas cometas probablemente estaban inspiradas en el vuelo accidental de las hojas o quizá de algún sombrero robado por el viento.

¿En qué elementos de la naturaleza te fijarías para crear unos zapatos que te permitan andar por la superficie del agua?

huesos, plumas

Nave

falange basal

hoja escapular

y formas de volar

Aerodinámica

falange terminal

húmero

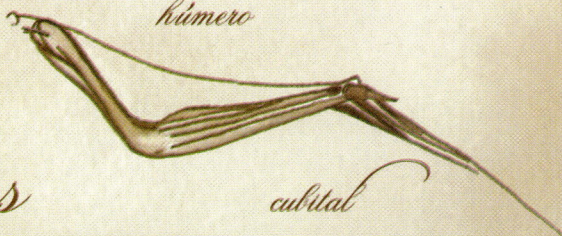

Alas de aves

cubital

Diseño

Vuelo

formas de vuelo

el planeo , el paracaidismo , el remonte

el vuelo de aleteo   y el vuelo en suspensión

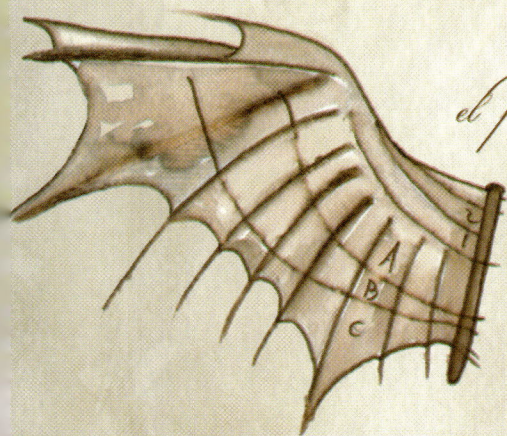

—Si quieres que te deje salir de esta mazmorra —farfulló con voz grave el monstruo del hocico entrometido, las cejas desconcertantes y los colmillos despistados—, deberás hacerme inmortal.

Miré a mi alrededor. De entre los cachivaches que el monstruo atesoraba en su mazmorra, tomé una lata de betún, una caja de zapatos, unas tijeras, alfileres, cinta aislante y papel de aluminio.

—Ahora que te he inmortalizado, cumple tu promesa y libérame —repliqué tras tomarle una fotografía con la cámara que acababa de construir.

Construir es hacer un objeto o elaborar una teoría sumando todos los elementos que sean necesarios.

El aeroplano de Havilland DH.60 Moth, más conocido como "polilla", es un vehículo de dos plazas con el que se puede dar la vuelta… a la habitación. Tiene asientos de madera, alas de cartulina y tela, hélice de papel de plata y timón de cartón.

Una **maqueta** quizá no puede dar la vuelta al mundo, pero hará volar tu imaginación más lejos que cualquier nave construida por el ingeniero más experto. Y, si te provoca, puedes poner una vaca en la cabina de mando.

¿Cómo construirías una maqueta del lugar en que nacen tus ideas?

No encontraron todos sus huesos.

Sin embargo, los arqueólogos, gracias a sus conocimientos, no solo fueron capaces de completar el esqueleto de aquel animal prehistórico. También pudieron armar la historia de sus últimas horas; lo que le había ocurrido al dinosaurio el día que falleció.

Eso fue lo que redactó el primero que vio las imágenes del informe. Yo –que cogí la carpeta más tarde–, en mi cabeza imaginé la historia de la persona que se olvidó el sombrero.

Completar es hacer que algo quede lleno o terminado. Para ello, hay que añadir las partes que faltan.

Puedes usar manzanas y naranjas, o tabas y canicas, o nubes y soles, o manos y monos. Pero lo normal es jugar al **tres en raya,** también conocido como tatetí, con ceros y equis.

Esquina superior derecha: O. Centro: X. Esquina inferior izquierda: O. Esquina superior izquierda: X. Esquina inferior derecha: O. Casilla inferior de la columna central: X.

Tu turno.

EL CALAMAR QUE SE CONVIRTIÓ EN COHETE

En un hermoso valle, rodeado de imponentes volcanes, nació un niño llamado Pedro, que pronto se sintió fascinado por las estrellas y los cohetes pirotécnicos. Por aquel entonces, muy lejos de donde él vivía, recién comenzaban a circular los primeros automóviles. Su velocidad máxima era semejante a la de un caballo al galope.

Pero Pedro Paulet soñaba con ir mucho más rápido, pues su deseo era llegar al espacio. Y fue acercándose a ese sueño invento a invento. Así, comenzó diseñando dispositivos que se impulsaban por sí solos. Curiosamente, a medida que avanzaba en sus investigaciones sobre la autopropulsión, encontró una fuente de inspiración en… los calamares.

Paulet **analizó** la curiosa manera de desplazarse de estos animales y observó un **orden** en los movimientos que realizan para ello. En primer lugar, absorben agua por una cavidad de su cuerpo, situada en la parte inferior, donde les nacen los brazos. A continuación, contraen los músculos de esa zona para que esta cavidad encoja. Al hacerse esta más pequeña, el agua no cabe en ella y, entonces, es desalojada con gran presión en una dirección. Mientras tanto, a consecuencia de esto, el cuerpo del calamar sale impulsado en la dirección contraria.

Sin embargo, Pedro Paulet fue pronto consciente de que, para alcanzar el espacio, no había que imitar los procesos de la naturaleza, sino superarlos. Por eso, aunque **seleccionó** el mecanismo de impulso del calamar como punto de partida para diseñar el motor de un cohete, se **replanteó** el uso del agua como elemento propulsor y la sustituyó por un combustible líquido potentísimo. Al fin y al cabo, pretendía llegar mucho más lejos que un calamar.

Paulet recibió ofertas para aplicar sus motores a vehículos terrestres y para construir armas, pero no las aceptó: no quería que se le **atribuyesen** a sus prototipos funciones diferentes a las que él había pensado. De hecho, todo el diseño de una de sus naves, el llamado "avión torpedo", estaba **organizado** en torno a su función: navegar por el espacio sideral, donde no hay aire ni corrientes. Por eso, esta nave –muy innovadora para la época– carecía de hélices y de planeador.

Cuenta una leyenda tribal que la Naturaleza creó a todos los animales tras desear: "Que sus diferencias les permitan vivir en una armonía inalterable". Pero fue tan inalterable que, pasados tres mil años, ya nada le sorprendía. Faltaba una chispa de espontaneidad a su obra. Así que dio vida a un nuevo ser al que le atribuyó una característica de cada animal.

Por ello, gracias a las hienas, las personas podemos reír; por los loros, imitar sonidos; por las hormigas, organizarnos; por los búhos…

Atribuir es asignar determinadas características, propiedades o cualidades a un ser o a un objeto.

Mi abuelo, durante su infancia, no recibió regalos comprados en jugueterías. Por eso, al igual que muchas otras personas de su época, jugaba con los **cartones y latas** que dejaban de ser útiles en su hogar.

Una chapa de gaseosa terminaba siendo un jugador de fútbol o un explorador. Una caja, un coche veloz que circulaba por el borde de la acera.

¿Qué función le atribuirías a un envase de huevos si quieres construir una miniciudad?

—Estimados peces, medusas, estrellas y corales: formen un círculo. Vamos a seleccionar a los jugadores para el Campeonato Interoceánico de coralbol.

—¡Yo, yo, entrenador Calamaro! Soy campeona índica —reclamaba una estrella rosada. Varios peces y medusas reivindicaron también sus méritos. Pero el entrenador Calamaro zanjó el asunto:

—Silencio todo el mar. Empezamos. De tin marín, de do pingüé, cúcara, mácara, títere, fue. ¡Tú! De tin marín, de do pingüé, cúcara… ¡Tú! De tin marín, de do… ¡Tú!

No anotamos ni un punto.

Seleccionar es elegir de entre un conjunto los elementos necesarios, relevantes o adecuados para un fin.

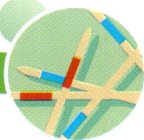

—¡Ella siempre gana a los **palitos chinos**! Tiene mucha suerte…

—Suerte, sí. La de ser una buena observadora para seleccionar con acierto qué palitos va a tomar. Y la de tener la serenidad para hacer los movimientos justos sin que le tiemble el pulso.

Comiendo arroz frito, me dio por pensar que quizá este juego se había originado durante un festín en la legendaria China: unos cuantos comensales a punto de empezar a comer, fuegos artificiales y…

¿Qué imaginas tú que ocurrió?

Su padre le entregó un reloj de cuerda, acompañado de ocho palabras. Fue su regalo de cumpleaños. Cuando él salió de la habitación, la pequeña no tardó en desarmar aquel objeto, que nunca volvió a dar la hora. Había perdido más de un engranaje. "Quería analizarlo", admitió su dueña.

Doce años después, ella inauguró su propia relojería. Cada vez que iba a arreglar un reloj, contemplaba, enmarcado, el regalo de su padre:

EL ALMA DE LA CIENCIA ES LA CURIOSIDAD.

Analizar es distinguir las partes que componen un artefacto, una idea, un proceso… y separarlas para conocerlo mejor.

Una secadora de pelo estropeada, y ya sin el cable de conexión…

—Bienvenida a mi **taller de reparaciones**.

—Le traigo esta secadora de…

—¿Secadora? Regrese en dos días. Su impulsador espacial quedará como nuevo.

¿Qué aparatos estropeados podrían serte útiles para completar un traje de astronauta?

–¿Asientos de la cabina de mando?

–Reclinados.

–¿Panel de control?

–Activado.

–¿Motores de propulsión?

–No tenemos, capitán.

–¿Y cómo pensamos llegar hasta la Luna?

–Con velas extragrandes y los soplidos de toda la tripulación.

El capitán, sabiendo que de esa manera no llegarían muy lejos, reunió a los ingenieros para que replanteasen el sistema de propulsión.

Replantear es abordar de nuevo un problema o una tarea. Cuando replanteamos algo es conveniente que lo hagamos desde una perspectiva diferente o aprovechando nuevos datos.

Para llegar a casa hay, aparentemente, muchos caminos. Uno es el correcto. El resto de opciones terminan en un callejón sin salida. Si el **laberinto** está dibujado en un papel, encuentras el camino con un lápiz. Si está en un jardín, llegas a tu destino caminando. Si el laberinto está en tu cabeza, llegas con la imaginación.

¿Y si el laberinto está en tus emociones?

Nunca encuentro lo que busco.

Mi asistente lo ordena todo alfabéticamente: alicates, destornillador, llave inglesa, martillo, sierra, tornillos. En cambio, el encargado de la limpieza cree que eso es un desbarajuste, y lo coloca por tamaño: sierra, martillo, llave inglesa, alicates, destornillador, tornillos.

Yo sigo sin encontrar nada, así que pongo las herramientas que empleo más a menudo cerca de mi mesa de trabajo. Luego, viene mi hermana y lo cambia todo: a ella le gusta verlo por colores.

Ordenar es disponer cosas, personas o ideas en el lugar que les corresponde según un criterio.

Con sus puntos negros, las fichas del **dominó** se parecen mucho a los dados. Ahora bien, tú puedes fabricar tu propio dominó con los motivos que más te gusten: animales, flores, medios de transporte… También puedes elegir el material. Antiguamente, se hacían de marfil, pero puedes fabricar el tuyo con tela, cartón, madera…

Seis-seis, seis-cinco, cinco-seis, seis-cuatro, cuatro-blanco, blanco-blanco, blanco-uno…

¿Cuántas fichas tiene un dominó? ¿De cuántas harías el tuyo?

El universo goza de una organización maravillosa. Nuestro cuerpo, con sus numerosos órganos y aparatos, es un bonito ejemplo. Los planetas, girando en torno al sol, también.

Asimismo, son un hermoso ejemplo de organización las conductas de muchos animales. Por ejemplo, el chorlito egipcio y el cocodrilo han organizado su vida en común: el primero se mete en la boca del reptil y picotea entre sus dientes los restos de comida. De esta manera, él consigue alimento y el cocodrilo se ve libre de problemas dentales y de infecciones.

Organizar es disponer una serie de elementos dentro de un todo o de un conjunto para que este cumpla una función.

Las piezas de los primeros **rompecabezas** tenían la forma de los países del mundo. Sobre un mapa impreso en madera, se cortaron las fronteras de los países con una sierra, se mezclaron las piezas… y ¡listo!: un nuevo juego.

En los rompecabezas actuales, la forma de las piezas no tiene que ver con lo que representan, así que es preciso organizarlas: por colores, por su forma…

Cuando uno rompe un jarrón sin querer, ¿está creando un rompecabezas?

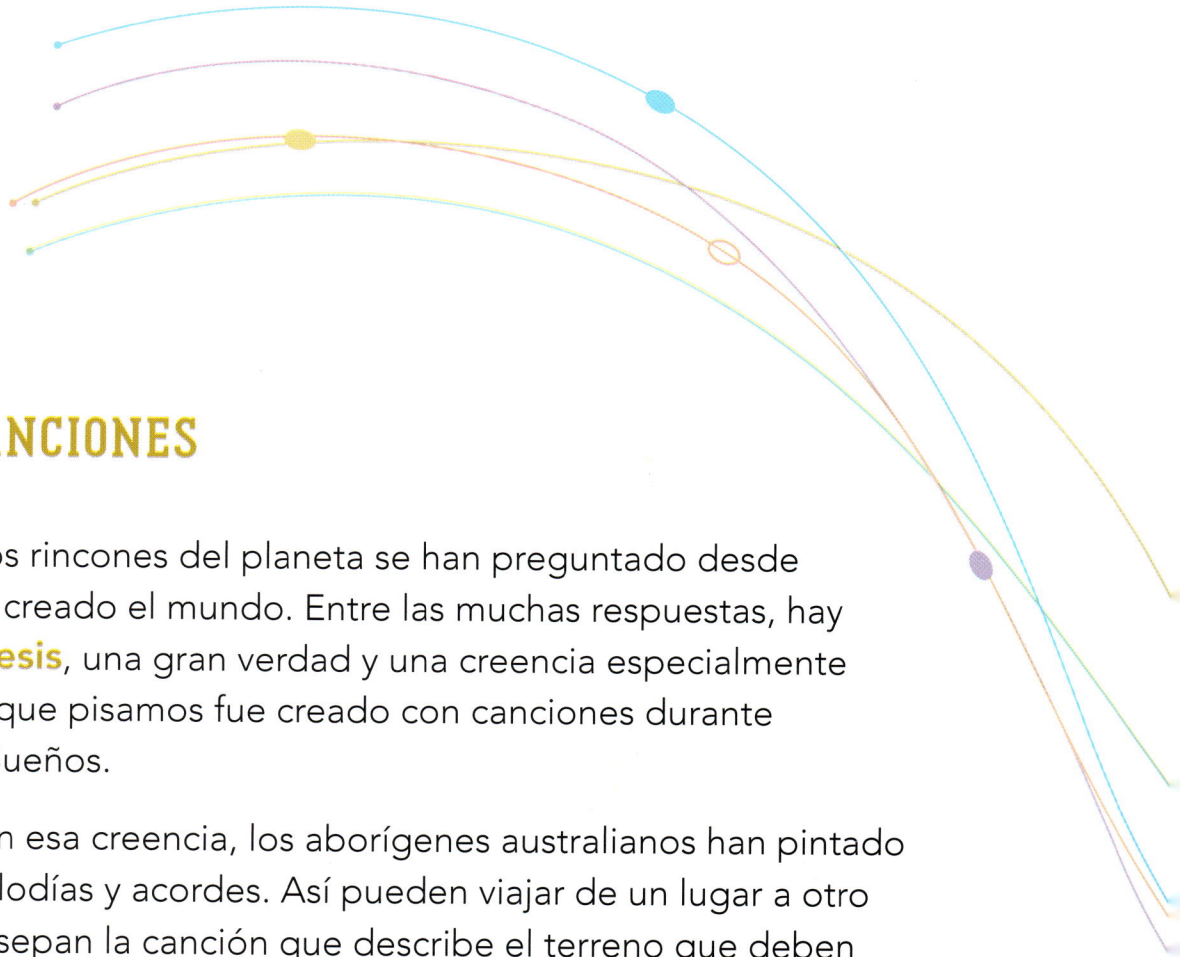

MAPAS DE CANCIONES

Sabios de todos los rincones del planeta se han preguntado desde siempre cómo fue creado el mundo. Entre las muchas respuestas, hay decenas de **hipótesis**, una gran verdad y una creencia especialmente hermosa: el suelo que pisamos fue creado con canciones durante el Tiempo de los Sueños.

Por eso, nacidos en esa creencia, los aborígenes australianos han pintado sus mapas con melodías y acordes. Así pueden viajar de un lugar a otro siempre y cuando sepan la canción que describe el terreno que deben recorrer. Cuando **planean** explorar un territorio que aún no conocen, no solo necesitan equiparse con ropa o lanzas; también deben aprender la canción correspondiente. Para ellos, la melodía funciona como un mapa. Sin ella no sabrán cómo ubicarse y terminarán perdidos en los inmensos parajes.

Para estos viajeros también es muy importante la memoria: al fin y al cabo, si **modifican** la melodía sin querer pueden quedarse sin rumbo ni referencias en medio de una zona desconocida.

Cada territorio tribal tiene su mapa. Es decir, su canción, que se transmite de generación en generación. En ella se describen los puntos de referencia necesarios para ir seguro y para poder regresar a casa sano y salvo. Por eso, es sumamente importante aprenderla a la **perfección**.

En los versos que se entonan están el agua, la comida, el refugio. También las rocas, las colinas, las llanuras, las marcas para orientarse… Todo al detalle, no hay lugar para la **generalización**. Así, uno puede viajar a puntos muy distantes haciendo paradas en cada pueblo intermedio, pidiendo a sus habitantes que te enseñen su canción. Para ellos, hacerlo equivaldría a compartir su propiedad. Y así, **combinando** unas melodías con otras, sería posible recorrer el continente entero.

Australia termina en el último verso que se canta al llegar a la orilla del mar. Si los aborígenes de estas tierras hubiesen construido grandes barcos, quizá habrían llevado su creencia al mundo entero… Entonces, los mapas de notas musicales se habrían extendido y todos seríamos capaces de ver, en cada paraje, una melodía, un ritmo, una canción.

En la calle, cada vez que me cruzo con una persona que canta al andar, pienso en los antiguos habitantes de Australia. Una canción, llego al barrio vecino. Diez canciones, salgo de mi ciudad. Nota a nota iría avanzando al ritmo de las melodías.

Para dar la vuelta al mundo, entre otras cosas, planearía llevar ochenta conciertos en mi mochila.

Planear es establecer los pasos y elementos necesarios para llevar a cabo un proyecto, sea construir una máquina, adquirir una nueva habilidad, resolver un problema matemático, modificar una costumbre…

En el **ajedrez**, la reina se mueve en cualquier dirección. El rey, también, pero de casilla en casilla. El alfil lo hace en una línea recta diagonal. La torre, en una línea recta horizontal o vertical. El caballo, en forma de L.
El peón solo se mueve hacia delante, avanzando un espacio (o pueden ser dos cuando es la primera vez que se desplaza).

Si te encargasen agregar una pieza al ajedrez, ¿cómo la llamarías y qué movimiento tendría?

En una altísima alacena, entre bártulos de inquietante silueta, se alza el Tarro de las Delicias. Un bello recipiente de vidrio con dulces exóticos.

Siempre tuve al respecto una hipótesis pesimista: "Para mí, alcanzar el Tarro de las Delicias sin ayuda es imposible". Mis infructuosos intentos demostraron muchas veces que la hipótesis era cierta. Hoy, quince años y setenta centímetros después, he probado que es falsa.

Una **hipótesis** es una explicación de un fenómeno que puede demostrarse con la observación y la experimentación.

Así, un sabio griego de la Antigüedad descartó la hipótesis de que la Tierra es plana al observar que, si viajaba hacia el sur, la posición de las constelaciones en el horizonte subía.

Para jugar a **zombis y cazadores**, se necesitan tantas cartas como jugadores. Una representa al cazador; otra, al zombi; las demás, a los ciudadanos. Se reparte una carta a cada jugador. El zombi deberá convertir en zombis a los ciudadanos. Para ello, les guiñará un ojo. El cazador debe averiguar quién es el zombi. Si no lo consigue, pierde; si ya no quedan ciudadanos, también.

¿Qué ocurriría si añadieses un jugador con la capacidad de resucitar a los zombis?

En su nueva obra, el compositor combinó sus recuerdos, habilidades y experiencias. Quería rendir un homenaje a su maestro. El de los consejos prudentes y las palabras cálidas. El más erudito y el más sencillo. El de los métodos efectivos y los desafíos constantes. El que le hizo amar la música. Y venerar la naturaleza. Y disfrutar los aromas, las texturas. Aquel cuya voz era el eco de tantas voces: la de su madre, la de su padre, la de la anciana del 5.° B...; la de todas las personas que algo le habían enseñado.

Combinar es unir cosas, acciones o seres diversos para formar un todo armónico.

Cuentan que a un sirviente de un antiguo emperador chino se le cayó al suelo un mosaico de cerámica muy valioso, y se rompió. El hombre reunió los siete pedazos e intentó volver a armar el mosaico de forma cuadrada, pero no pudo. A cambio, se percató de que podía crear muchas otras figuras combinando libremente las piezas.

Y así, según la leyenda, se originó el **tangram**, o los siete tableros de astucia.

¿Qué piezas incluirías en un tangram cuya forma original fuese una circunferencia?

Un animal pasó ante las siete trompas de PIrCubo. El extraterrestre anotó: "En la Tierra, los animales se desplazan por el suelo arrastrándose".
Al levantar sus ocho peludísimas narices del cuaderno, vio pasar un gato.
Y tachó: "En la Tierra, los animales se desplazan por el suelo ~~arrastrándose~~".
Al alzar su cóncava frente hacia el cielo, vio un cormorán en pleno vuelo.
Volvió a tachar: "En la Tierra, los animales se desplazan ~~por el suelo arrastrándose~~".

Y si hubiera bajado a las profundidades del mar, al encontrar una esponja, su última generalización también habría estado equivocada.

Generalizar es seleccionar los rasgos que son comunes y esenciales en diversos seres o cosas para formular sus características globales.

En las palmas de tus manos duermen una rana, un elefante, un cocodrilo, un pavo, una ardilla… Basta con que coloques tus manos de una forma determinada y que juegues con la luz. Las **sombras** eliminarán los detalles y tan solo dejarán ver la silueta de un animal, el que tú elijas.

Puede que en algunas culturas esta fuera una manera de contar historias, aprovechando la luz del fuego y las paredes de las cavernas.

¿Qué animales crees que representarán con sombras las personas dentro de cien años?

Se pintó la cara de blanco. Con un lápiz de carboncillo, aumentó notablemente el tamaño de sus cejas y, con un tono más suave, sombreó el contorno de sus ojos. Para los labios, empleó tinta roja, con la que también se salpicó el mentón. Poco a poco fue modificando su aspecto… hasta parecer un vampiro en toda regla, pero por dentro continuaba siendo un niño al que le encantaba el alioli.

Modificar es hacer cambios en una cosa, en un aparato o en un plan, sin alterar su esencia; como las tribus que construían sus casas, caminos y puentes sin alterar el equilibrio natural de su entorno.

Tu mirada está fija en la bolita. La bolita, por medio de una cuerda, está conectada a un palo. Tu mano sostiene el palo y lo balancea para intentar que la bolita emboque en él:

¡Fallaste!

No pasa nada. Modificas un pelín la inclinación del **boliche** o del balero, la fuerza…

Para cuando ya lo tengas dominado, ¿cómo crearías un boliche para que el reto consistiese en embocar, simultáneamente, dos bolas en el mismo palo?

Akahata dedica mucho tiempo a su labor. Tatuar la piel de sus compañeros es una tarea sagrada. Con un delicado cincel abre minúsculas heridas en la piel, por las que penetra el pigmento. Ahora termina cada detalle de un bello paisaje. Representa los dones de la naturaleza. Akahata da los últimos toques de azul al Pájaro de la Verdad. Se separa de su obra para observarla bien. Hace tiempo que no lograba un ave tan perfecta. Tanto que, de pronto, esta bate las alas y abandona la espalda del jefe de la tribu.

Perfeccionar algo es mejorarlo hasta darlo por terminado en su mejor versión.

Tiras las **tabas** al suelo. Lanzas la pelota y, mientras está en el aire, agarras un hueso y vuelves a capturar la pelota con la misma mano. Sigues con otro hueso. Así con todos. El juego se va complicando poco a poco: luego hay que cambiar los huesos de posición, agarrarlos de dos en dos, de tres en tres… Incluso puedes inventar nuevos retos para seguir perfeccionando tu técnica.

¿Qué retos añadirías a tu juego favorito para hacerlo todavía más emocionante?

UNA CASA EN EL AGUA

"Mi madre tejió toda la ropa que llevo puesta", dijo el primer niño. "Pues mi madre tejió todas las cestas de la tienda", respondió otro con el orgullo crecido. Un tercero intervino: "¡La mía tejió esta isla!". Los dejó sin habla, porque era cierto. Durante ese silencio, las mejillas de los chiquillos se fueron hinchando hasta que las bocas se abrieron para dejar escapar sus risas. Les bastó un solo golpe de vista para **comprobar** que, en efecto, todas las mujeres del pueblo habían tejido el lugar donde vivían: las islas flotantes del lago Titicaca.

Las islas donde viven los uros están tejidas con totora (una especie de junco) y llegan a tener unos tres metros de espesor. La totora brota del fondo del lago, aunque no lo hace de la misma manera en todos los lugares: los uros deben **distinguir** cuáles son los sitios en los que crece más tupida, porque estos son los idóneos para instalar sus islas.

Para evitar que sus construcciones vayan a la deriva, los uros cuentan con un sistema hecho con palos que se sujetan al fondo del lago. De vez en cuando, es necesario **revisar** el estado del anclaje y **corregir** posibles fallas para que las islas no emprendan un viaje lacustre imprevisto. Sobre ellas, los habitantes construyen, también de totora, sus casas, sus escuelas, sus iglesias y otros espacios comunes. Incluso cultivan algunos tubérculos.

Hace ya cientos de años que los uros se las ingeniaron para vivir flotando en el lago porque deseaban permanecer juntos y al margen de guerras y conflictos.

Curiosamente, hay muchos otros pueblos, dispersos por los diferentes continentes, que también **decidieron** edificar sus viviendas sobre lagos, ríos o mares. Muchos de ellos han construido sus casas apoyándolas sobre zancos, como si fuesen objetos mágicos. Estos zancos no son sino pilares o estacas que se clavan en el fondo del agua. Sin embargo, estas construcciones –llamadas palafitos– no pueden levantarse en cualquier zona acuática. Es muy importante **reflexionar** sobre las características del terreno y observar si en él hay corrientes fuertes o variaciones bruscas de caudal, pues estas podrían llevarse por delante las zancudas viviendas en menos de un segundo.

Paredes, bien. Ventanas, bien. Techo, bien. Puerta, bien. La había revisado minuciosamente. Su casa de paja le duraría varios años, puesto que allí el clima era ideal, sin vientos fuertes ni terremotos. A ese cerdito no había nada que reprocharle. Al lobo, sí.

Revisar es examinar o analizar algo con mucho cuidado y someterlo a pruebas para decidir si es necesario hacer correcciones, modificaciones, mejoras o reparaciones.

A quien construye una casa con el techo plano en una región lluviosa, las goteras le hacen ver por qué los demás tienen las suyas con techos de dos aguas.

Desde lo alto, la capitana da las indicaciones. En el patio, los miembros del equipo se mueven de aquí para allá, aunque lo hacen sin darse cuenta de si su posición es la correcta. No saben qué número, del 1 al 9, tienen pintado en sus sombreros.

Para saber si el **sudoku** está bien resuelto, revisan que, en cada cuadrante, en cada línea horizontal y en cada línea vertical, no se repita ningún número.

¿Y no se podría crear un sudoku que no tenga números... ni letras?

–Capitán: en la isla vecina hay frutos jugosos.

–¿Seguro? Tráeme los binoculares. ¡Es cierto! ¡Prepara la nave!

–¿Qué le parece si antes comprobamos la prof…?

–¡Iza las velas! ¡Arria los cabos!

–Capitán, convendría verificar la profund…

–¡Leva el ancla! ¡Zarpemos a la aventura! ¡Todo a babor!

–Capitán, acabo de comprobar la profundidad. Iré andando. Si lo desea, puede seguirme con el barco.

Comprobar es confirmar la veracidad o exactitud de algo.

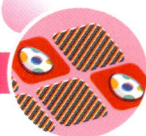

Fresa, fresa; manzana, manzana… Tu torre de cartas sube y sube gracias a que recuerdas dónde está cada una de las figuras que se han descubierto previamente. Hasta que… limón, sandía. Pierdes tu turno.

A mí también me gusta jugar a la **memoria** cuando regreso a casa. Antes de salir, trazo en mi mente las mismas piruetas que a la ida, pero en orden inverso. Esquivo las cajas de cartón, la bici que está mal aparcada…

¿Cómo jugarías a la memoria con un amigo si tuvieran que estar sentados espalda contra espalda?

"¿¡Por qué se lo está pensando!? ¡Son cien globos contra cuatro!", comentaban los presentes. "¡¡Que son de regalo!!". En eso, la niña que había tardado en distinguir la mejor opción señaló los cuatro globos: "Elijo estos. Los otros me dejarían sin espacio en mi habitación para jugar".

Distinguir es cobrar conciencia de las diferencias que hay entre varias alternativas para elegir una de ellas, teniendo presente por qué hacemos esa elección.

Los seres humanos han tenido que aprender a distinguir para sobrevivir: qué lugares son aptos para habitar, qué frutos conviene no ingerir…

Tu turno. Los cinco dados se han detenido: **6**, **3**, **2**, **2**, **1**. Ahora, **suma, resta, multiplica y divide**. **3** más **2**, igual a 5; 5 menos **2**, igual a 3; 3 por **6**, igual a 18; 18 dividido **1**, igual a 18. Le toca lanzar los dados a la persona que está a tu derecha. Ganará quien obtenga el resultado mayor.

¿Cómo podríamos jugar a esto si reemplazáramos los dados por los coches que transitan por la calle?

"¡Viva donde siempre ha soñado!

Ubicada en lo alto de una despejada loma, se encuentra esta hermosa vivienda, que puede convertir en su hogar. Cuenta con un amplio jardín, ventanas y postigos de madera de estilo antiguo y una elegante chimenea. El paraje que la rodea es de ensueño: playas de blanca arena y cristalinas aguas. ¡No lo piense dos veces!".

Pero el caracol lo pensó dos veces. Y tras reflexionar unos instantes, no se mudó: no quería ver cómo un huracán tropical desbarataba su hogar.

Reflexionar es pensar con detenimiento las ventajas y los inconvenientes de una situación.

En tu peor pesadilla, estás en lo alto de una inmensa torre formada por vigas cruzadas. Un operario extrae una viga del armazón. La torre no se mueve. Uno por uno, otros operarios van extrayendo otras vigas. La torre se tambalea cada vez más. ¿Se derrumbará antes de que despiertes?

La **yenga** o el jenga es una versión inofensiva y muy divertida de esta pesadilla.

Imagina que tus cualidades son las vigas y que en lo alto de esa torre están tus sueños. ¿Qué vigas no retirarías para mantenerlos a salvo?

Si no te sane bien a la prima, no te desames y sigue tentando hasta que lo cosinas, como lo hizo quien invitó la nuera, por ejeo.

Si no te sane bien a la primera, no te desames y sigue tentando hasta que lo consigas, como lo hizo quien invitó la nuera, por ejemplo.

Si no te sale bien a la primera, no te desanimes y sigue intentándolo hasta que lo consigas, como lo hizo quien inventó la rueda, por ejemplo.

Corregir es enmendar un error, haciendo las modificaciones necesarias en algo para que quede bien.

El número de cartas que casi todos hemos utilizado para construir nuestro primer **castillo de naipes** es el mismo: dos. Ahora bien, con respecto al número de cartas que hemos llegado a utilizar, la variedad se dispara. Por mi parte, no he construido uno con más de cien. En cambio, el arquitecto Bryan Berg llegó a levantar uno con 218.792 cartas.

Reemplacemos las cartas por las personas que conoces. ¿Cómo las dispondrías para que a ti te sostuviesen en la punta de un castillo de cinco plantas?

Un relámpago iluminó el charco y el hipopótamo alcanzó a ver, además de sus enormes orificios nasales, multitud de refulgentes puntos blancos reflejados. Un escalofrío recorrió su corpachón. Era el deseo de saber. De dejar atrás la comodidad de la sabana. De palpar aquel cielo mágico lleno de luces. Aunque se estaba tan a gustito en el barro caliente…

El hipopótamo se sacudió el lodo y la pereza. "¿Qué pasaría si…?". Decidió ampliar su horizonte, batallar nuevas dificultades, pensar como nunca antes había pensado, vivir como nunca antes había vivido.

Mientras pedalea en su casa voladora, se le oye decir: "Cada día es un juego. ¿Te sumas?".

Decidir es hacer una elección tras reflexionar sobre las alternativas que existen.

Puedes jugar a **piedra, papel o tijera** de dos formas. La primera es la ultrasónica: tu mano adopta una forma de manera rapidísima. Ganar o perder suele depender del azar. La otra forma es la ultralenta: observas a tu contrincante, lo analizas a él y la jugada anterior antes de decidir si tu arma será la piedra, el papel o la tijera. Seguro que la partida resulta mucho más emocionante.

Piedra, papel, tijera y… ¿qué otra figura puedes añadir a este juego? ¿Qué otros juegos puedes inventar?

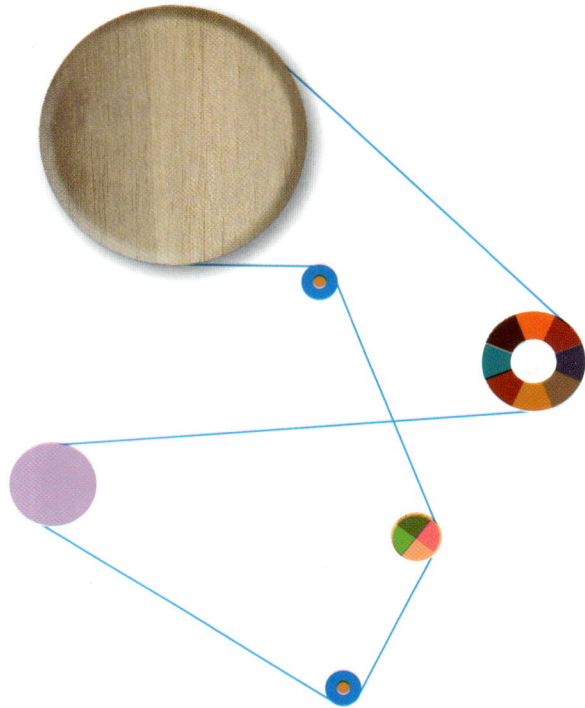

... ¡A JUGAR!

Otra manera de jugar

En muchos juegos, puedes jugar así: tu competidor en la primera ronda pasa a ser de tu equipo en la segunda. Te convendrá enseñarle bien…

Por ejemplo, te reúnes con ocho amigos para jugar al ajedrez una tarde lluviosa de domingo.

Se juega la primera ronda: cuatro partidas. Quien gana su partida obtiene un punto.

En este momento, se preparan los equipos para la siguiente ronda: cada jugador forma pareja con aquel a quien derrotó. Antes de empezar a jugar de nuevo, cada pareja tendrá diez minutos para compartir sus trucos y conocimientos.

Se juegan, entonces, las dos partidas de la siguiente ronda. Los integrantes de un mismo equipo no pueden hablar entre ellos y se turnarán para mover las piezas. Los miembros de la pareja que venza obtienen cada uno un punto.

Entonces, se prepara la tercera y última ronda, formando nuevos equipos: cada pareja derrotada se une a la pareja que la derrotó. De nuevo, durante diez minutos, todos los miembros de un equipo comparten sus ideas y tácticas para mejorar y aumentar las posibilidades de ganar.

Se juega la última ronda: una única partida que enfrenta a dos equipos de cuatro jugadores. Cada miembro del equipo vencedor obtiene un punto.

Finalmente, cada jugador suma los puntos que ha obtenido.

Con esta nueva variante, los participantes disfrutan tanto la aventura de competir como el entusiasmo por compartir lo que saben.

OTROS TÍTULOS

emocionario

Dime lo que sientes

Valores de Oro

Entrénate para soñar

Manual para Soñar

Alcanza tus sueños